Know conocimiento • saber • inteligencia

GEOGRAFÍA
Nuestro mundo

UNA FORMA DIFERENTE
DE CONOCER NUESTRO
PLANETA

LIBSA

NUESTRO MUNDO

Para estudiar cómo es la forma de nuestra casa, la Tierra, tenemos una ciencia que es la geografía. Gracias a ella aprendemos el relieve, pero también el clima, el suelo, el agua, la vegetación o los distintos países del mundo. Si eres un explorador, ¡este es tu libro!

AMÉRICA DEL NORTE

AMÉRICA DEL SUR

OCÉANO PACÍFICO

OCÉANO GLACIAL ANTÁRTICO

A lo mejor los maestros te han dicho que la **geografía** también estudia la **relación** entre los **seres humanos** y el **medio físico**. Dicho así, suena **aburrido**, ¿verdad? Pues… **¡nada más lejos de la realidad!**

Veréis, los **mapas geográficos** son un documento imprescindible para hacerse una idea más clara de cómo es **nuestro planeta**. De un solo vistazo, sabrás dónde están los **continentes**, los **países**, las **ciudades**, los **océanos** y los **mares** en el mundo, algo muy útil para un viajero infatigable como tú, igual que saber los **datos climáticos** y la **flora** o la **fauna** de cada zona. Sin saber mucha geografía, las grandes **civilizaciones antiguas** se establecieron **cerca de ríos** con **climas favorables** para desarrollarse y evolucionar hasta la actualidad. **¡Hoy sabemos por qué!**

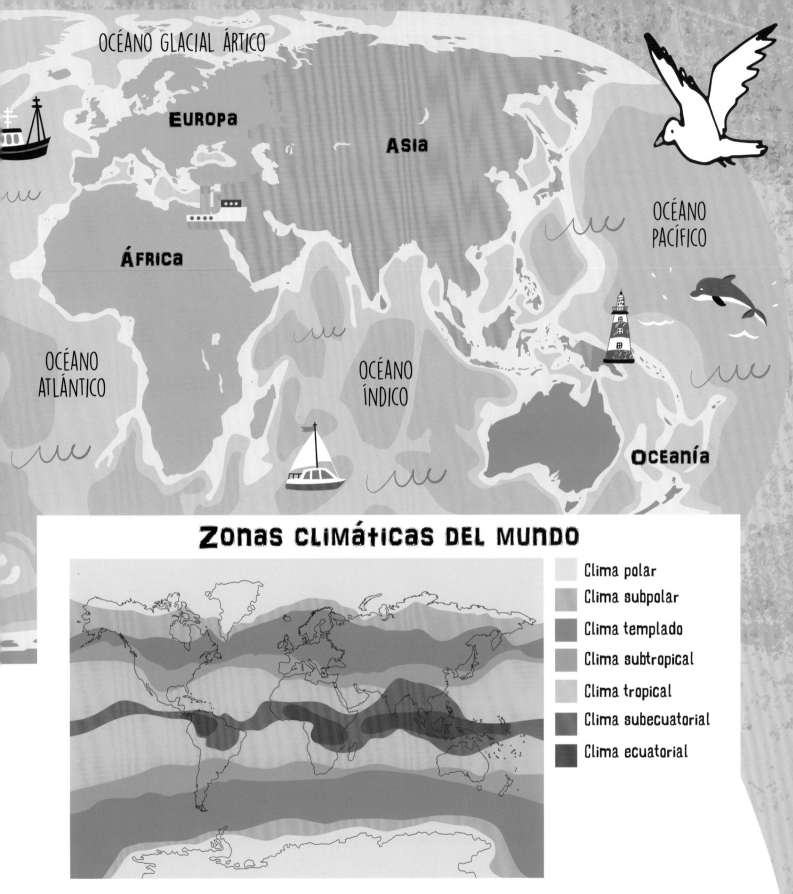

OCÉANO GLACIAL ÁRTICO

EUROPA

ASIA

ÁFRICA

OCÉANO PACÍFICO

OCÉANO ATLÁNTICO

OCÉANO ÍNDICO

OCEANÍA

Zonas climáticas del mundo

Clima polar
Clima subpolar
Clima templado
Clima subtropical
Clima tropical
Clima subecuatorial
Clima ecuatorial

¿Estás preparado para iniciar el viaje de este libro? Presta atención a los **mapas**, **ilustraciones** y **datos curiosos**. Vas a aprender a **leer** los **mapas físicos** y **políticos**, visitarás los **hábitats** de ála Tierra y conocerás las diferentes **culturas** de cada uno de los **continentes**. Además, podrás observar **fotos espectaculares** de la **flora**, la **fauna** y los **paisajes** más **increíbles** del **planeta**. ¡Empezamos!

3

NORTEAMÉRICA

Sitúate en el mapa. Estamos entre el océano Atlántico, el sur de la región ártica y el océano Pacífico. ¡Es una de las zonas habitadas por el hombre más al norte de nuestro planeta!

Localización

Alaska (EE.UU.)

1

Denali

Canadá

1

Denali

La **montaña más alta** de Norteamérica está en **Alaska**: ¡6190 m! Para disfrutar las vistas tendrás que abrigarte mucho: ¡Brrrr, frío polar!

2

El lago superior

Es el **mayor lago de agua dulce** del planeta y está entre **Estados Unidos** y **Canadá**. ¿Te imaginas?, ¡más de **82000 km²** para pasar un día de pesca!

EL BOSQUE BOREAL

La **taiga** o **bosque boreal** se extiende por el norte de **Canadá, Estados Unidos** y **Rusia**. Es una extensión enooooorme de **coníferas**, unos árboles gigantescos que pueden llegar a alcanzar más de **100 m de altura** y son además los aliados anticontaminación porque **eliminan** una gran cantidad del **dióxido de carbono** del aire.

TEMPERATURA MEDIA DEL BOSQUE BOREAL

°C	°F
50	120
40	100
30	80
20	60
10	40
0	20
-10	0
-20	-20
-30	-40
-40	

BAHÍA DE BAFFIN

GROENLANDIA

4 Scoresby sund

OCÉANO Atlántico

BAHÍA DE HUDSON

El lago superior

2

Estados Unidos

Cataratas Niágara

3

3
Cataratas Niágara
El grupo de estas conocidísimas **caídas de agua** de **64 m de altura** son una espectacular **frontera natural** entre **Ontario** (Canadá) y **Nueva York** (Estados Unidos).

4
Scoresby sund
En la **costa este** de **Groenlandia** se sitúa el **fiordo más grande del mundo.** No vayas si tienes vértigo: tiene **350 km de largo** y alcanza hasta **1,5 km de profundidad.**

zona SUR y CENtRo

Esta zona es tan grande que incluye una gran diversidad de climas y ecosistemas:

- El **clima tropical** propio de las islas y países costeros del **mar Caribe**.
- El **clima continental** de las regiones del **centro** de los **Estados Unidos,** desde la costa del océano Pacífico a la del océano Atlántico.
- El **clima semidesértico** de la península de **California**, en la frontera de Estados Unidos y México.

1
Río Misuri
Hogar de sioux y pies negros, es el **río** más **largo** de **Norteamérica**, con **4 090 km** hasta que se une al río Misisipi.

2
Gran Cañón
Espectacular **garganta** de piedra y roca roja formada por el paso del río Colorado. Tiene **446 km de largo** y escarpadas paredes que llegan a alcanzar **1,6 km de altura**.

3
Cenotes de Yucatán
Los **cenotes** son **grandes pozos de agua** con flora y fauna propia. Aparecen en cuevas naturales o al aire libre en **Yucatán (México)**.

4
Arrecife Mesoamericano
Frente a las costas de México, Belice, Guatemala y Honduras, está la **mayor barrera de coral del hemisferio norte,** con más de **1 000 km** de **longitud**.

HUMEDALES DE FLORIDA
Cuidado al pasear por los **humedales** de la **península** de **Florida**: es el hogar de **peligrosos** animales como el **cocodrilo** o el **aligátor**, pero también de **aves** como el **flamenco**, la **garza** o el **ibis**.

¿Te vienes?

Río Misuri

Río Misisipi

1

2 Gran Cañón

ESTADOS UNIDOS

TEMPERATURA MEDIA en FLORIDA

ºC	ºF
50	120
40	100
30	80
20	60
10	40
0	20
-10	0
-20	-20
-30	-40
-40	

OCÉANO ATLÁNTICO

FLORIDA

Cenotes de Yucatán

MÉXICO

GOLFO DE MÉXICO

3

CUBA

REPÚBLICA DOMINICANA

Arrecife Mesoamericano

HAITÍ

BELICE

4

JAMAICA

PUERTO RICO

GUATEMALA

HONDURAS

MAR CARIBE

EL SALVADOR

NICARAGUA

PANAMÁ

COSTA RICA

7

SUDAMÉRICA

Situada entre el mar Caribe, el océano Pacífico y el océano Atlántico sur. Fíjate bien: América del Sur atraviesa la línea ecuatorial y queda casi todo su territorio dentro del hemisferio sur.

Hemisferio norte

Hemisferio sur

Islas Galápagos

Zona tropical: la selva amazónica

Una zona llena de récords: es el **bosque tropical más extenso del mundo**, con unos **7 000 000 km²** repartidos entre nueve países. Allí viven **gran cantidad de animales** y más de **15 000 especies vegetales**, con árboles que superan los **80 m** de altura.

Un dato triste: se calcula que ha perdido un **12 %** de la extensión original de sus **bosques**.

TEMPERATURA MEDIA DE LA SELVA

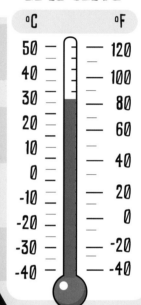

°C	°F
50	120
40	100
30	80
20	60
10	40
0	
-10	20
-20	0
-30	-20
-40	-40

1
El río Amazonas
Es el **río más caudaloso** del mundo. Su cuenca atraviesa nueve países y supone una quinta parte de **agua dulce** (líquida) del planeta.

2
El lago Titicaca
Es el **lago navegable más alto** del mundo, situado en la **cordillera de los Andes**, entre los territorios de **Perú** y **Bolivia**.

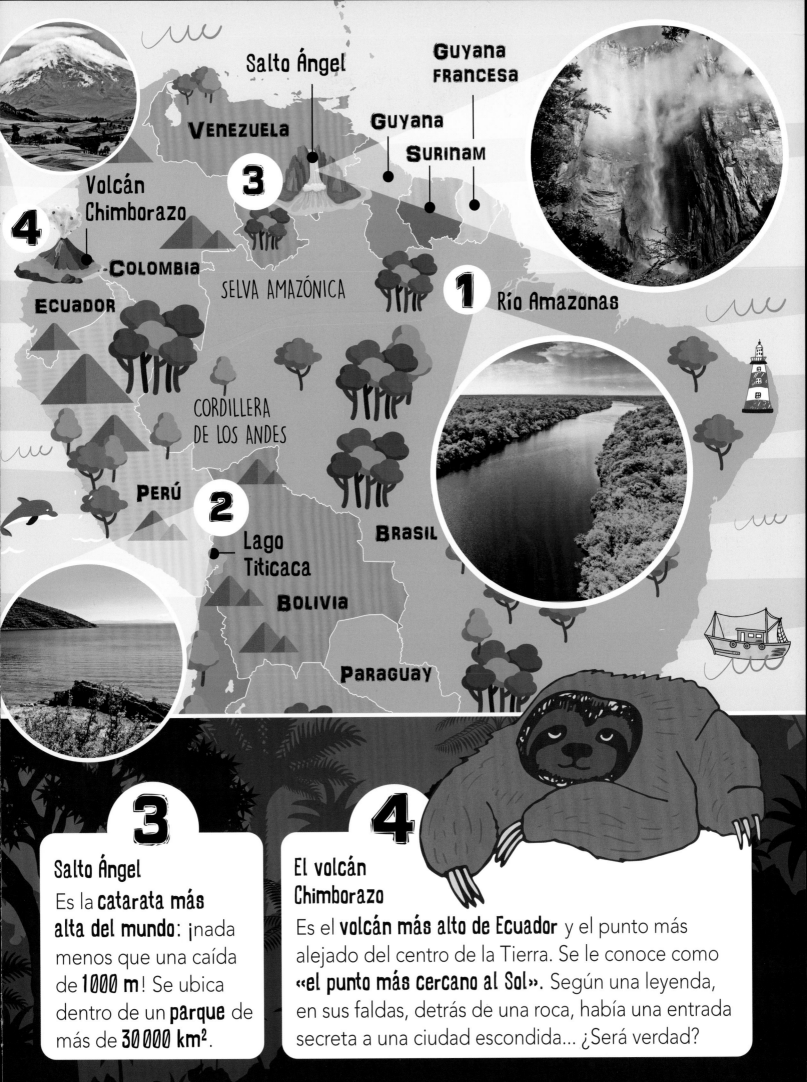

Salto Ángel

Guyana
Francesa

VENEZUELA

Guyana

Surinam

3

Volcán
Chimborazo

4

COLOMBIA

SELVA AMAZÓNICA

1 Río Amazonas

ECUADOR

CORDILLERA
DE LOS ANDES

PERÚ

2

Lago
Titicaca

BRASIL

BOLIVIA

PARAGUAY

3

Salto Ángel

Es la **catarata más alta del mundo**: ¡nada menos que una caída de **1000 m**! Se ubica dentro de un **parque** de más de **30 000 km²**.

4

El volcán Chimborazo

Es el **volcán más alto de Ecuador** y el punto más alejado del centro de la Tierra. Se le conoce como **«el punto más cercano al Sol»**. Según una leyenda, en sus faldas, detrás de una roca, había una entrada secreta a una ciudad escondida… ¿Será verdad?

Zona sur:
Diferentes ECOSISTEMAS

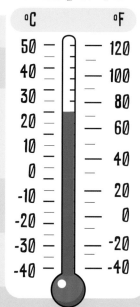

Haz bien el equipaje, porque la zona sur te va a recibir con paisajes y temperaturas muy variadas:

- La **aridez** del desierto de Atacama.
- El **clima templado** en la **estepa** de la Pampa argentina.
- El **frío seco** de la Patagonia.
- El **frío polar** de la zona sur de Argentina.

La fauna de la Pampa argentina es un grupo de amigos muy diverso: el gamo, el jabalí, el puma, el zorro, la liebre, la perdiz y la cotorra.

1
El cerro Aconcagua

En el **oeste de Argentina** y con **6 960 m**, es la **cima más alta de América,** todo un centinela de piedra.

2
El desierto de Atacama

Llévate la cantimplora porque son más de 100 000 km² y es el **lugar más árido** de la **Tierra**. Por el día te derrites con temperaturas de... **¡50 °C a la sombra**!

3
El río de la Plata

Es un **estuario** (o desembocadura en el mar de un río amplio y profundo) formado por la unión de los **ríos Paraná** y **Uruguay**.

PARAGUAY

Desierto de Atacama

2

ARGENTINA

3 URUGUAY

Río de la Plata

PAMPA ARGENTINA

1

Cerro Aconcagua

OCÉANO PACÍFICO

PATAGONIA

CHILE

4

Perito Moreno

OCÉANO Atlántico

4

El glaciar Perito Moreno
Abrígate para visitar esta **gruesa masa de hielo** rodeada de **bosques** y **montañas** en la **Patagonia**. Está en el Parque nacional **Los Glaciares** y es una de las **reservas** más **importantes** de **agua dulce** de la Tierra.

ISLAS MALVINAS

TIERRA DE FUEGO

ANTÁRTIDA

11

EUROPA

La zona norte de este continente se sitúa entre el norte del océano Atlántico y el sur del océano Ártico. Es una gran península y más de un tercio de su territorio se encuentra bajo la nieve durante casi todo el año.

ZONA NORTE: El bosque SARMÁTICO

TEMPERATURA MEDIA DEL BOSQUE SARMÁTICO

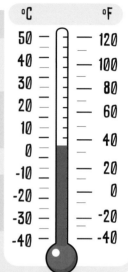

Este nombre tan raro es el del **principal ecosistema** de la región. Ocupa casi **un millón de m²** entre Noruega, Suecia, Finlandia y parte del este de Europa, hasta llegar a los montes Urales. Es el **último bosque templado** antes del frío clima ártico.

Fiordo de Sogn

1

Fiordo de Sogn

El **fiordo** es una **entrada de agua de mar**, alargada y estrecha, **hacia un valle glaciar**. El de **Sogn**, en Noruega, es el **segundo** mayor del mundo y tiene **204 km** de longitud.

2

Lago Vänern

Al sur de Suecia, es el **tercero** de **Europa**, con **5 545 km²** de superficie. Si no fuera tan frío, sería ideal para nadar por su **escasa profundidad** media de **27 m** y **máxima** de tan solo **106 m**.

3

Casquete nórdico

Abarca **zonas** de **Noruega, Suecia, Finlandia** y **Rusia**. Durante el solsticio de **invierno el sol no sale** en 24 horas, y en el de **verano no se pone** durante todo un día entero.

3

Casquete nórdico

SUECIA

FINLANDIA

NORUEGA

2

Lago Vänern

MAR DEL NORTE

MAR BÁLTICO

4

Estrechos daneses

Las **islas danesas** frente a Suecia separan el mar del Norte del mar Báltico por **tres estrechos canales**: Pequeño Belt, Gran Belt y Oresund. Un **puente** los cruza y **une Dinamarca con Suecia.**

4

Estrechos daneses

DINAMARCA

zona noroeste

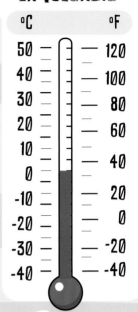

TEMPERATURA MEDIA EN ISLANDIA

°C	°F
50	120
40	100
30	80
20	60
10	40
0	20
-10	0
-20	-20
-30	-40
-40	

En esta región existen **dos climas** principales:

- El **subpolar oceánico** de Islandia. Menos frío de lo habitual gracias a que llegan **vientos cálidos** del **océano Atlántico**.

- El **clima oceánico** muy lluvioso de **Irlanda** y regiones de **Gales** e **Inglaterra**. En **Escocia** el **invierno** es **más largo** y la **nieve** puede resistir hasta el **verano**.

Islandia es la casa de aves tan simpáticas como el frailecillo de pico rojo, y de grandes mamíferos marinos como la ballena jorobada, el delfín de hocico blanco y la ballena azul.

¡Juega con nosotros!

1

El gran Geysir

Es un gran **chorro de agua hirviendo** que brota del suelo volcánico en **Islandia**. Expulsa una gran **columna de agua** que mide unos **80 m de altura**. ¡En el año 2000 llegó a alcanzar los 122 m!

2

Volcán Eyjafjallajökull

Se encuentra en el sur de Islandia. Mide **1 666 m de altura**. En el año **2010**, pese a su impronunciable nombre, se hizo famoso porque su **erupción paralizó** los **vuelos** entre **Europa** y **América**.

ISLANDIA

1 El gran Geysir

2 Volcán Eyjafjallajökull

3

Lago Ness

Los **lagos escoceses** albergan el **90 % del agua dulce** de **Gran Bretaña**. El **Ness** es el más grande. Cuenta la **leyenda** que un **enorme monstruo** llamado **Nessie** habita en sus aguas...

3 Lago Ness

4

El canal de la Mancha

Es la **franja** del océano Atlántico que **separa** las **islas Británicas** del **continente europeo**. Tiene **560 km** de largo. El **punto más estrecho** está entre el Reino Unido y Francia, con solo **33 km**: ¡se puede cruzar por un túnel!

IRLANDA

REINO UNIDO

REINO UNIDO

FRANCIA

4 Canal de la Mancha

OCÉANO ATLÁNTICO

ZONA CENTRAL

Limita al **norte** con el **mar Báltico**, y al sur con el **Mediterráneo**. En esta región se encuentran los países que fundaron la **Unión Europea**.

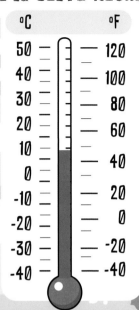

1

Río Rin

Nace en los **Alpes** suizos y **desemboca** en el **mar del Norte**. Es además muy **largo**: 1 233 km. Por eso es el río más **utilizado** de Europa, porque **883 km** de su recorrido son **navegables**.

2

Los Alpes

Tiene el récord de Europa occidental al **sistema montañoso** más **largo** y **alto** con más de 1 200 km, pasando por Francia, Mónaco, Suiza, Italia, Alemania o Austria.

3

Lago Ginebra

Su otro nombre (menos romántico) es **Leman** y es el **mayor** de **Europa occidental**. Tiene una forma alargada con **72 km de largo** y **12 km de ancho**. Está en los **Alpes** y separa Francia de Suiza.

4

Mont Blanc

El **mayor pico** de la **región occidental** del continente europeo es la **frontera natural** entre **Francia** e **Italia**. Su cima está a **4 810 m** de **altura**: ¡una aventura para alpinistas!

MAR DEL NORTE

MAR BÁLTICO

PAÍSES BAJOS

BÉLGICA

Río Rin

1

LUXEMBURGO

ALEMANIA

¿Qué ven mis ojos?

AUSTRIA

2

Los Alpes

SUIZA

3 Lago Ginebra

4

Mont Blanc

FRANCIA

MAR MEDITERRÁNEO

La selva negra

Le llaman **selva negra** por el color oscuro de los **abetos** de sus espesos bosques, que son los **pulmones naturales** de **Francia**, **Suiza** y **Alemania**. Son más de **160 km** de bosques, ríos, montañas, lagos y pueblecitos que parecen sacados de un cuento de hadas.

Península Ibérica: El bosque MEDITERRÁNEO

El principal **ecosistema** del sur de Europa se caracteriza por sus **inviernos suaves** y sus **veranos muy secos**. Vas a encontrar **árboles** como **encinas, robles, alcornoques, pinos**; y **arbustos bajos** como el **matorral** y el **chaparral**. Allí viven conejos, jabalíes, ciervos y... ¡cuidado!, también lobos.

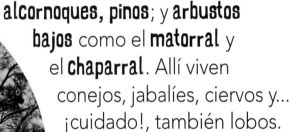

TEMPERATURA MEDIA DEL BOSQUE MEDITERRÁNEO

°C	°F
50	120
40	100
30	80
20	60
10	40
0	
-10	20
-20	0
-30	-20
-40	-40

1

Río Tajo

Con sus **1007 km**, es el **río más largo** de la península. **Nace** en **España** y **desemboca** en **Lisboa**, capital de **Portugal**.

2

Los Pirineos

Esta cordillera **separa** la **península Ibérica** del resto de **Europa**. Recorrerla es un «paseo» de **430 km** con vistas desde el pico más alto: el **Aneto (3404 m)**.

3

Mulhacén

He aquí el **pico más alto** de la **península Ibérica** y también el **mayor de Europa occidental** exceptuando los **Alpes**. Está en **Sierra Nevada** y tiene **3482 m**.

4

Desierto de Tabernas

Este desierto de **Almería (España)** ha sido el escenario de cientos de películas del oeste. Y es que es el **único desierto** de **Europa occidental**, un plató de cine de **280 km^2**.

En los montes de la cordillera Cantábrica habitan dos especies en peligro de extinción, que ya han desaparecido del resto de Europa occidental: el oso pardo y el lobo ibérico. ¡Debemos protegerlos!

EUROPA DEL SUR

La **región más cálida** del **continente** está bañada por el **mar Mediterráneo** y, como has aprendido en el cole, allí nacieron las **civilizaciones griega y romana.**

El mar MEDITERRÁNEO

Mira bien el mapa de abajo y verás que ese mar **separa** Europa **de África** y **de Asia.** Está unido al oeste con el **océano Atlántico,** por el **estrecho de Gibraltar,** y al este con el **mar Negro,** por el **estrecho del Bósforo.** Sus casi **46 000 km de costa** fueron el hogar y el gran mercado de **fenicios, griegos y romanos** y hoy es destino turístico internacional.

1

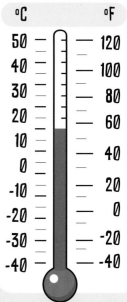

Laguna de Venecia
En esta **bahía** casi cerrada de **agua salada,** al norte de Italia, se encuentra la **ciudad de Venecia** y sus **160 canales,** calles de agua que podrás descubrir subido en una góndola.

TEMPERATURA MEDIA DEL MAR MEDITERRÁNEO

°C	°F
50	120
40	100
30	80
20	60
10	40
0	20
-10	0
-20	-20
-30	-20
-40	-40

OCÉANO ATLÁNTICO

EUROPA

MAR NEGRO

Estrecho del Bósforo

ASIA

Estrecho de Gibraltar

MAR MEDITERRÁNEO

ÁFRICA

1 Laguna de Venecia

ESLOVENIA

CROACIA

SERBIA

BOSNIA HERZEGOVINA

Península de los Balcanes

4

2 Montes Apeninos

MAR ADRIÁTICO

MONTENEGRO

MACEDONIA

Italia

ALBANIA

Cerdeña

MAR MEDITERRÁNEO

Sicilia

Volcán Etna

3

BALCANES

2 Montes Apeninos

Es la cordillera de **1400 km** que recorre **Italia** de **norte** a **sur**. Una curiosidad: la mayoría de sus **picos** son **redondeados** por la **erosión** y tienen **poca altura**, entre **700** y **1500 m**.

3 Volcán Etna

Míralo de lejos porque es el **mayor volcán activo** del continente con **3332 m** de altura y una **base** de **140 km** de circunferencia.

4 Península de los Balcanes

En sus más de **550 000 km²** viven 53 millones de personas con gran diversidad de culturas y lenguas.

MEDITERRÁNEO ORIENTAL

Se subdivide también en **zonas** que son conocidas con un **nombre propio**:

- **Mar Tirreno**, entre Cerdeña y el norte de Sicilia.
- **Mar Adriático,** en las costas de Eslovenia, Croacia y Bosnia.
- **Mar Jónico**, entre Italia y Grecia.
- **Mar Egeo**, entre Grecia y Turquía.

MAR
ADRIÁTICO

MAR
TIRRENO

BULGARIA

GRECIA

MAR
JÓNICO

1

Santorini

Este **archipiélago** (dos islas y cuatro islotes) en el **mar Egeo**, surgió por una gran **explosión volcánica** en el 1628 a. C. Vete allí de vacaciones, es precioso.

1

Santorini ●
MAR EGEO

2

Estrecho del Bósforo

Es el **paso de agua** que une el mar **Mediterráneo** y el **mar Negro** y separa **Europa** y **Asia**. Está en **Turquía**, y tiene **31 km de largo**. En su parte más **estrecha** apenas alcanza **700 m**.

3

Mar Negro

No es un lago, sino un **mar interior** que **separa** **Europa oriental** y **Asia occidental**. Tiene **1175 km de ancho**.

TEMPERATURA MEDIA DEL AGUA DEL MEDITERRÁNEO ORIENTAL

°C	°F
50	120
40	100
30	80
20	60
10	40
0	20
-10	0
-20	-20
-30	-40
-40	

3

Mar Negro

2

Estrecho del Bósforo

TURQUÍA

4

4

Terraza de Pamukkale

Terraza de Pamukkale

¿Te parece un nombre raro? Pues significa «castillo de algodón». Y es que esta **cascada de terrazas** de **piedra caliza** y **aguas termales** forman **piscinas naturales** de colores, situada en Turquía, es una maravilla.

CHIPRE

En el Mediterráneo viven más 17 000 especies marinas. Las más importantes son el pez espada y la sardina. Nuestras amigas la foca monje y la marsopa están en peligro de extinción... ¡Cuidémoslas!

EUROPA DEL ESTE
zona norte

Desde los **montes Cárpatos** hasta los **Urales** y con el **mar Báltico** al **norte** y el **mar Negro** al sur, aquí se sitúan la mayoría de los países que se unieron a la Unión Europea en el siglo XXI: ¡Bienvenidos!

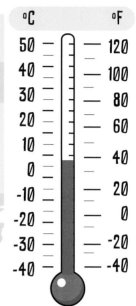

TEMPERATURA MEDIA DE LOS MONTES CÁRPATOS

°C	°F
50	120
40	100
30	80
20	60
10	40
0	
-10	20
-20	0
-30	-20
-40	-40

Montes Cárpatos

Son la **principal cordillera** de **Europa oriental**. Los más de **1600 km** de **longitud** atraviesan **Polonia, Ucrania, Hungría** y **Rumania**. Precisamente en la zona rumana de **Transilvania**, a los pies de los Cárpatos, cuenta la leyenda que vivía el vampiro **Drácula**. Lo que sí es seguro es que es la casa de la mayor parte de los **lobos, linces** y **osos pardos** de Europa.

1

Montes Tatras

Situados entre **Polonia** y **Eslovaquia**, son la **región montañosa más alta** de la cordillera de los Cárpatos. Tiene hasta **25 picos** que superan los **2500 m**. Para excursionistas sin vértigo.

MAR BÁLTICO

Estonia

4 — Lago Peipus

Letonia

Lituania

Tierra de lagos — **2**

BIELORRUSIA

POLONIA

1 Montes Tatras

Ucrania

La gran estepa — **3**

MONTES CÁRPATOS

MAR NEGRO

2

Tierra de lagos

El nombre de esta región de **Masuria (Polonia)** no es muy original: allí hay más de **2700 lagos** de **agua dulce** y origen glaciar.

3

La gran estepa

Esta **gran región** de **pastos** y **matorral bajo** se extiende por **Bulgaria, Hungría, Ucrania** o **Rusia**. Por aquí viajaba la **Ruta de la Seda**.

4

Lago Peipus

Es la **frontera natural** entre **Estonia** y **Rusia** y el **segundo mayor lago** de la **Unión Europea**. Son más de **3500 km²** de superficie y solo **7 m** de **profundidad** para pescar y bañarse.

EUROPA DEL ESTE
zona sur

REPÚBLICA CHECA

En esta región hay **dos climas principales**:

- **Clima continental** en las **cuencas** y **valles** de los **ríos**. Tiene una **gran variación** de temperatura: en invierno te mueres de frío y en verano de calor.
- **Clima de alta montaña**. En las faldas y los picos más altos, con temperaturas medias anuales de tan solo 5 °C (41 °F).

DELTA DEL DANUBIO

Además de un vals, el Danubio es un río y su delta está entre **Ucrania** y **Rumania**. Esta **zona pantanosa** es el hogar de **pelícanos** y **patos salvajes** y de peces como el **esturión**.

TEMPERATURA MEDIA DEL DELTA DEL DANUBIO

°C	°F
50	120
40	100
30	80
20	60
10	40
0	
-10	20
-20	0
-30	-20
-40	-40

1
Lago Balatón
El **mayor lago de agua dulce** de Europa central tiene **79 km** de **longitud** y una **profundidad media** de solo **3 m**... ¡Al agua, patos!

2
Pico Gerlachov
Es la **montaña más alta** a lo largo de los **1500 km** de longitud de los **montes Cárpatos**: alcanza los **2 655 msnm** (metros sobre el nivel del mar).

3
Río Danubio
Es un **río** viajero: el **más largo** de **Europa central** y del **este** (**2 850 km**). También es un río sociable: ¡pasa por **10 países**!

Pico Gerlachov

2 ESLOVAQUIA

Hungría

1

Río Danubio

3

MOLDAVIA

4 Meseta de Transilvania

DELTA DEL DANUBIO

Rumania

Lago Balatón

4

Meseta de Transilvania

Esta **gran planicie rodeada** por los montes **Cárpatos** en el **centro** de **Rumania** está a unos **400 msnm**. Tiene un **clima continental** muy **extremo**, con inviernos fríos y **veranos cálidos**. No olvides la chaqueta ni el bañador.

Asia
zona norte

Ocupa el enorme territorio que va desde el océano Ártico, hasta el océano Pacífico. Incluye el país más grande del mundo: Rusia.

Rusia europea

Río Volga **3**

1

Montañas del Cáucaso

Kazajistán Mar Caspio

2

1

Montañas del Cáucaso

En esta **cordillera** que que separa Asia de Europa fue donde Zeus encadenó a Prometeo. Tiene **1200 km** de **largo**. El pico **Elbrús** es la **montaña más alta**, con **5 642 m**.

2

Mar Caspio

Al **lago** de **mayor extensión** del **mundo** le llaman mar porque tiene **agua salada**. Con una **superficie** de **371 000 km²**, ¡es más grande que Alemania!

3

Río Volga

Es el **más largo** de la Rusia europea. **Nace** cerca de **Moscú** y desemboca **en el mar Caspio**. Sus **3 645 km** de **longitud** tienen forma de árbol.

4

Estrecho de Bering

Tiene el nombre del primer explorador que lo cruzó y está en el **extremo oriental** de Rusia. Separa **Asia** de **Norteamérica**, mediante tan solo **82,7 km**.

OCÉANO
ÁRTICO

Estrecho
de Bering

RUSIA SIBERIANA

OCÉANO
PACÍFICO

MONGOLIA

Siberia

**TEMPERATURA MEDIA
DE SIBERIA EN ENERO**

°C	°F
50	120
40	100
30	80
20	60
10	40
0	20
-10	0
-20	-20
-30	
-40	-40

SIBERIA

Es la **mayor región** de Rusia. Ocupa el **77 % total** de su **territorio**, pero hace tanto frío que solo **viven** allí **33** de los 146 millones de habitantes del país. Es uno de los lugares **menos** densamente **poblados** del planeta. Su **ecosistema** se compone de **bosques boreales** y, en el norte, **tundra ártica**. Abstenerse **viajeros frioleros**.

Zona Occidental

El **desierto de Arabia** es en su mayor parte un arenal de más de **2,3 millones de m²** que se **extiende** por **8 países**. Prepárate para su **clima desértico** caluroso con:

- ¡Uffff! Temperaturas máximas de más de **50 ºC** (122 ºF).
- **Mínimas lluvias** y **gran sequedad** ambiental: ¡qué sed!
- Gran cantidad de **horas de sol** al año (llévate un gorro).

TEMPERATURA MEDIA DEL DESIERTO DE ARABIA

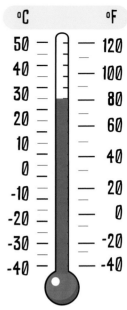

ºC	ºF
50	120
40	100
30	80
20	60
10	40
0	20
-10	0
-20	-20
-30	-20
-40	-40

CHIP

El dromedario es el animal más famoso del desierto. Solo tiene una joroba, pero es muy práctica: en ella hay hasta 36 kg de grasa que transforma en agua y energía. Cerca de los oasis viven sus otros amigos: hienas, antílopes y zorros.

1

Ríos Tigris y Éufrates

En las orillas de estos dos **ríos** surgieros los imperios **babilónico, sumerio** y **asirio. Nacen** en **Turquía** y discurren por Siria e Iraq. El **Tigris** mide **1 900 km** y el **Éufrates, 2780.** Al final **confluyen** para desembocar en el golfo Pérsico.

GEORGIA

ARMENIA   AZERBAYÁN

UZBEKISTÁN

KIRGUISTÁN

TURKMENISTÁN

TAYIKISTÁN

SIRIA

LÍBANO

1

Ríos Tigris
y Éufrates

Tigris

Éufrates

IRAQ

ISRAEL

JORDANIA

2

Mar
Muerto

KUWAIT

Irán

AFGANISTÁN

4

K2

3

Karakorum

PAKISTÁN

BARÉIN

CATAR

EMIRATOS
ÁRABES

ARABIA SAUDÍ

OMÁN

YEMEN

2

Mar Muerto

No te asustes por el
nombre: es un **lago**
de **80 km** de **largo** y **16**
de **ancho** de **agua** tan
salada que **flotas** sin
hacer ningún esfuerzo.

3

Karakorum

Situada al **norte de
Pakistán**, es una de las
zonas montañosas más
importantes de Asia.
Tiene **cuatro picos** con
más de **8 000 m** de altura.

4

K2

El **pico más alto** del
Karakorum y **segunda
montaña** más **alta** del
mundo está entre **Pakistán**
y China. ¿Te atreverías a
escalar sus **8 611 m**?

Asia Oriental
zona norte

¡Vamos volando! Desde las **costas** del **océano Índico** hasta los millares de islas más al este del **océano Pacífico**, limitando al norte con **Rusia** y al sur con **Oceanía**. En esta gran región hay **países** tanto en el **hemisferio norte** como **en el sur**.

TEMPERATURA MEDIA DE LOS ARROZALES

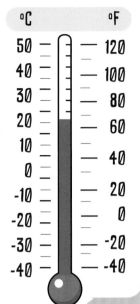

°C	°F
50	120
40	100
30	80
20	60
10	40
0	
-10	20
-20	0
-30	-20
-40	-40

Nepa

India

Sri Lanka

Los arrozales

Son **grandes mesetas** y **montañas** transformadas en **terrazas planas**, que se **inundan de agua** durante los **meses húmedos** para **cultivar el arroz**. El **clima húmedo** y **caluroso** favorece el cultivo de este cereal. En los países de esta región se produce más del **80 % del arroz** del planeta... ¡Mmmm! ¡Qué rico!

1

Desierto Gobi

Por estas tierras situadas entre **Mongolia** y **China**, de **escasa vegetación** y con un **clima extremo**, galoparon a toda velocidad los soldados del mítico emperador **Gengis Kan**.

Mongolia

1

Desierto Gobi

Corea del Norte

Corea del Sur

Japón

4

Monte Fuji

2

Himalaya

Bután

Río Yangtsé

3

Bangladesh

China

Myanmar

Laos

Océano Índico

Tailandia

Camboya

Vietnam

Océano Pacífico

4

Monte Fuji

Es la **montaña más alta** de **Japón,** en realidad un **volcán activo** de **3 776 m** de **altura**. Se considera una montaña sagrada.

2

Himalaya

Esta cordillera se extiende por **Nepal, China, India y Pakistán**. Se considera «el techo del mundo» por sus **9 picos** de **más de 8 000 m** de altura y porque allí está el **monte Everest**, de **8 848 m,** la **cima más alta** sobre el nivel del mar.

3

Río Yangtsé

El río más grande de **China** y de **Asia** tiene **6 300 km** de **longitud**: ¡es el **tercero del mundo**! En él está la **presa de las Tres Gargantas,** la más grande del mundo.

Asia Oriental
zona sur

¿Te imaginas que estuviera un mes lloviendo? Pues eso ocurre en casi toda la **parte oriental de Asia** cuando llega el **monzón.** Todo es culpa de los **fuertes vientos** del **océano** durante los meses de **verano,** cuando llega a **llover** hasta **25 días al mes**, produciendo un **clima tropical** de **extrema humedad**. No olvides el paraguas.

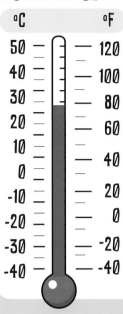

TEMPERATURA MEDIA DE LA ISLA DE KOMODO

°C	°F
50	120
40	100
30	80
20	60
10	40
0	20
-10	0
-20	-20
-30	-20
-40	-40

Malasia

SUMATRA

Indonesia es la casa del famoso dragón de Komodo. En realidad es un lagarto, el más grande del planeta, con hasta 3 m de longitud y 70 kg de peso. Es muy rápido y letal: en su boca alberga bacterias venenosas para los humanos.

1

Ecuador terrestre

Si partiéramos la Tierra como si fuera una fruta gigante, la **línea imaginaria** que la divide en **dos mitades** sería el **Ecuador**. La parte **superior** es el **hemisferio norte** y la **inferior** es el **hemisferio sur**.

2

Volcán Krakatoa

Este **peligroso** volcán ha provocado las **erupciones más mortíferas** de la historia de la Humanidad. En **2018** produjo un **tsunami** que **arrasó** varias **islas** cercanas.

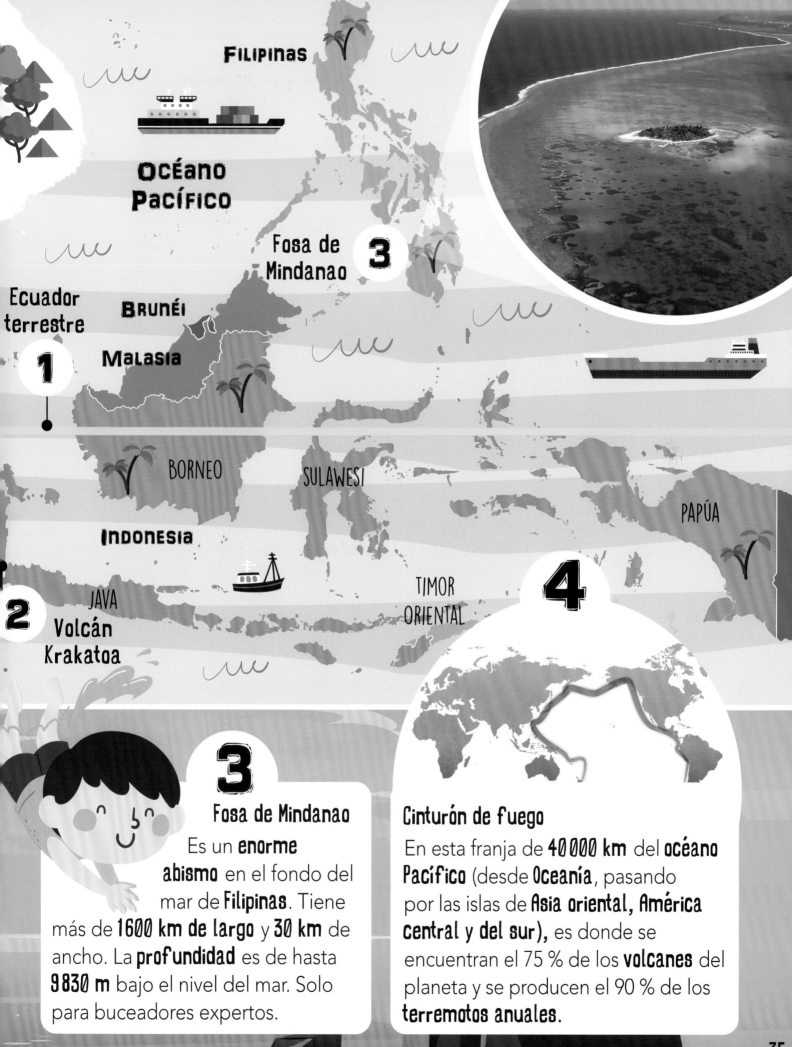

Filipinas

Océano Pacífico

Fosa de Mindanao **3**

1 Ecuador terrestre

Brunéi

Malasia

Borneo

Sulawesi

Indonesia

Papúa

2 Java

Volcán Krakatoa

Timor Oriental

4

3

Fosa de Mindanao

Es un **enorme abismo** en el fondo del mar de **Filipinas**. Tiene más de **1600 km de largo** y **30 km** de ancho. La **profundidad** es de hasta **9830 m** bajo el nivel del mar. Solo para buceadores expertos.

Cinturón de fuego

En esta franja de **40 000 km** del **océano Pacífico** (desde **Oceanía**, pasando por las islas de **Asia oriental, América central y del sur),** es donde se encuentran el 75 % de los **volcanes** del planeta y se producen el 90 % de los **terremotos anuales.**

ÁFRICA

Al **sur del Mediterráneo** y entre el **Atlántico** e **Índico**, África reparte su territorio entre los **dos hemisferios**. Aquí surgieron los **primeros seres humanos** hace millones de años.

Zona Norte

El desierto del Sáhara

Los niños de **10 países** distintos podrían hacer castillos de arena en los **9 millones de km²** del **mayor desierto cálido del planeta**. Sus **dunas de arena** pueden alcanzar **193 m de altura** y su **clima** es tan **extremo** que las temperaturas de día son **hasta 59 °C** (138,2 °F) y de noche, –21 °C (–5,8 °F). Sufre también **tornados** y **tormentas de arena**.

DESIERTO DEL SÁHARA

TEMPERATURA MEDIA DIURNA DEL SÁHARA

°C	°F
50	120
40	100
30	80
20	60
10	40
0	20
-10	0
-20	-20
-30	-40
-40	-40

1

Río Nilo

Es el **segundo mayor río** del **mundo** y el **primero** de **África** con sus **6 853 km** de **longitud**. **Nace** en el **lago Victoria** y desemboca en **Egipto**, la tierra de los **faraones**.

MARRUECOS

Atlas **3**

2

Oasis de Tafilalet

ÁHARA

ARGELIA

LIBIA

TÚNEZ

MAR MEDITERRÁNEO

4

EGIPTO

Mar Rojo
Separa África de
Asia menor. A través
del navegable **canal
de Suez**, conecta el
Mediterráneo
con el océano
Índico.

Mauritania

Mali

NÍGER

CHAD

1

Río Nilo

ERITREA

SUDÁN

SENEGAL
GAMBIA
GUINEA-BISÁU

SIERRA
LEONA

NIGERIA

Costa
DE
MARFIL

GHANA

Benin

ERRA
ona

TOGO

CAMERÚN

REPÚBLICA
CENTROAFRICANA

SUDÁN
DEL SUR

YIBUTI

SOMALIA

Etiopía

OCÉANO
Atlántico

Guinea Ecuatorial

LAGO
VICTORIA

OCÉANO
ÍNDICO

2

Oasis de Tafilalet

En mitad del desierto del Sáhara, en
Marruecos, las caravanas paraban en una
extensa zona verde con tierras de **cultivo,**
lagos y **pozos de agua dulce,** y el **mayor**
palmeral del mundo: ¡800 000 palmeras!

3

El Atlas

Impresionante **cordillera** del **norte**
de **África** con **2 400 km de montañas**
entre Marruecos, Argelia y Túnez.
El **pico más alto** es el **Toubkal**, uno de
los pocos sitios de África con nieve.

Zona SUR • La sabana

Esta llanura ocupa **más de la mitad** de **África** y surge entre los **desiertos** y las **grandes selvas tropicales**. Son **grandes campos de pasto** y **arbustos**, con **pocos árboles**. Tiene un **clima cálido**, con una **estación seca** de cinco meses y otra **húmeda** el resto del año. En ella verás los amaneceres más bonitos del mundo.

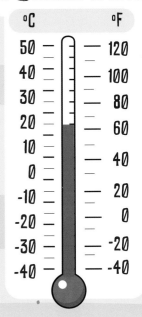

TEMPERATURA MEDIA DE LA SABANA AFRICANA

1

Lago Victoria

Tiene nombre de reina y es que es el **segundo mayor lago de agua dulce** del mundo: **337 km de largo** y **240 km de ancho**.

2

Kilimanjaro

Con sus **5 892 msnm** es la **montaña más alta** de **África**. Se encuentra en **Tanzania** y está formada por **tres volcanes**, pero no te preocupes: están **inactivos**.

La sabana africana es el hogar del elefante, el rinoceronte, el leopardo, el león, las cebras, las jirafas y los monos babuinos. Todos han posado para salir en la foto.

UGANDA

1

CONGO
Gabón

Lago Victoria

KENIA

Ruanda

REPÚBLICA DEMOCRÁTICA
DEL CONGO

BURUNDI

2

Kilimanjaro

Océano Atlántico

Tanzania

Zambia

SEYCHELLES

Angola

Malaui

4

Cataratas Victoria

Namibia

ZIMBABUE

MOZAMBIQUE

Océano Índico

Botsuana

3

Desierto Kalahari

Lesoto

Suazilandia

Madagascar

Sudáfrica

4

Cataratas Victoria

A este gran **salto de agua** de **1,7 km de ancho** y más de **100 m de altura** en el **río Zambeze,** los nativos lo llaman Mosi-oa-Tunya, «el humo que truena».

3

Desierto Kalahari

Su nombre significa **«gran sed»** y eso es lo que pasó el primer explorador al atravesarlo. Fue el famoso **Dr. Livingstone**.

39

Oceanía

Situada al **suroeste** de **Asia** y en pleno **océano Pacífico**, es el **continente menos poblado** y con **menor número de países**, solo 14. Contiene decenas de **miles de islas** en **Micronesia**, **Polinesia** y **Melanesia**, e incluye la isla de **Australia**, que supone el **80 %** del continente.

Australia

Dos récords: es el **país más grande** de Oceanía y la **mayor isla** del planeta. Un **tercio** de su **territorio** es **desértico** y la **población** se concentra en la **costa**. Es **tan grande** que tiene **desierto, clima alpino** y **selva tropical**. En este continente viven dos animalitos tan originales como encantadores: el **koala** y el **canguro**.

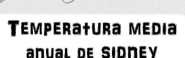

Australia

1

Gran barrera de coral

El ser vivo más grande del mundo: **2 600 km** de **arrecife** de coral en el que se da la **mayor concentración** de **biodiversidad** del **planeta**.

TEMPERATURA MEDIA ANUAL DE SIDNEY

°C	°F
50	120
40	100
30	80
20	60
10	40
0	20
-10	0
-20	-20
-30	-40
-40	

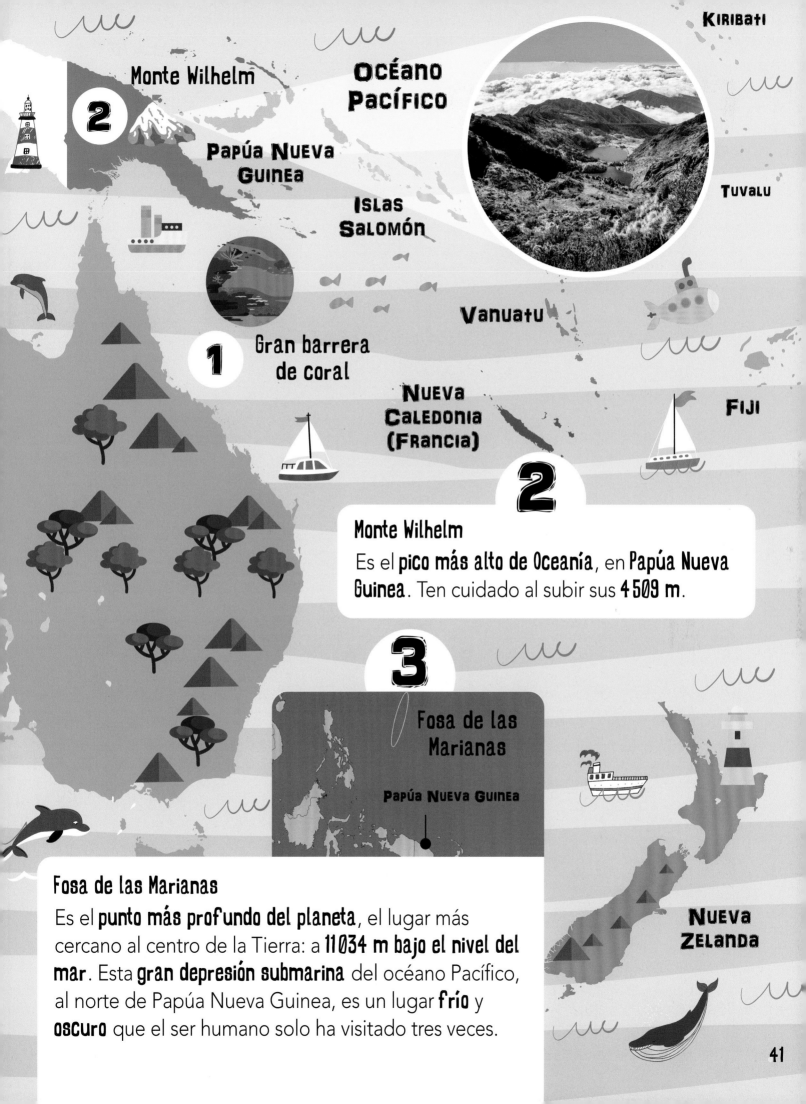

KIRIBATI

2

Monte Wilhelm

OCÉANO PACÍFICO

PAPÚA NUEVA GUINEA

ISLAS SALOMÓN

TUVALU

Vanuatu

1 Gran barrera de coral

NUEVA CALEDONIA (FRANCIA)

FIJI

2

Monte Wilhelm

Es el **pico más alto de Oceanía**, en **Papúa Nueva Guinea**. Ten cuidado al subir sus **4 509 m**.

3

Fosa de las Marianas

PAPÚA NUEVA GUINEA

Fosa de las Marianas

Es el **punto más profundo del planeta**, el lugar más cercano al centro de la Tierra: a **11 034 m bajo el nivel del mar**. Esta **gran depresión submarina** del océano Pacífico, al norte de Papúa Nueva Guinea, es un lugar **frío** y **oscuro** que el ser humano solo ha visitado tres veces.

NUEVA ZELANDA

41

LOS POLOS

Los **polos** son los dos **puntos más extremos** de la **Tierra**. Son **regiones de clima polar** y están **cubiertas de hielo y nieve**. Aunque pueda parecer que **Polo Norte** y **Polo Sur** son iguales, la realidad es que hay **diferencias importantes** entre ellos y cada uno tiene sus **peculiaridades**.

DIFERENCIAS
ENTRE EL POLO NORTE Y EL POLO SUR

- El **Polo Norte** es un **océano** congelado y rodeado de tierra, mientras que el **Polo Sur** es un **continente** cubierto por una capa de hielo muy gruesa; es decir, tiene tierra por debajo.

- Las **capas de hielo** en el Polo Sur son **más gruesas** que en el **Polo Norte** porque en el Polo Sur las **temperaturas** son **mucho más bajas**.

- En el **Polo Norte** hay **zonas habitadas**, pero en el **Polo Sur** prácticamente **no vive nadie**, excepto grupos de científicos que van a hacer expediciones.

- En el **Polo Norte** hay mucha **más variedad** de **fauna y flora** porque las **temperaturas no son tan extremas** como en el Sur.

- Por cierto: en el **Polo Sur** viven los **pingüinos**, mientras que en el **Polo Norte** viven los **osos polares**. No son amigos ni viven juntos.

- La **extensión** de cada polo es **distinta**: el Polo Sur es **mucho más grande** que el Norte.

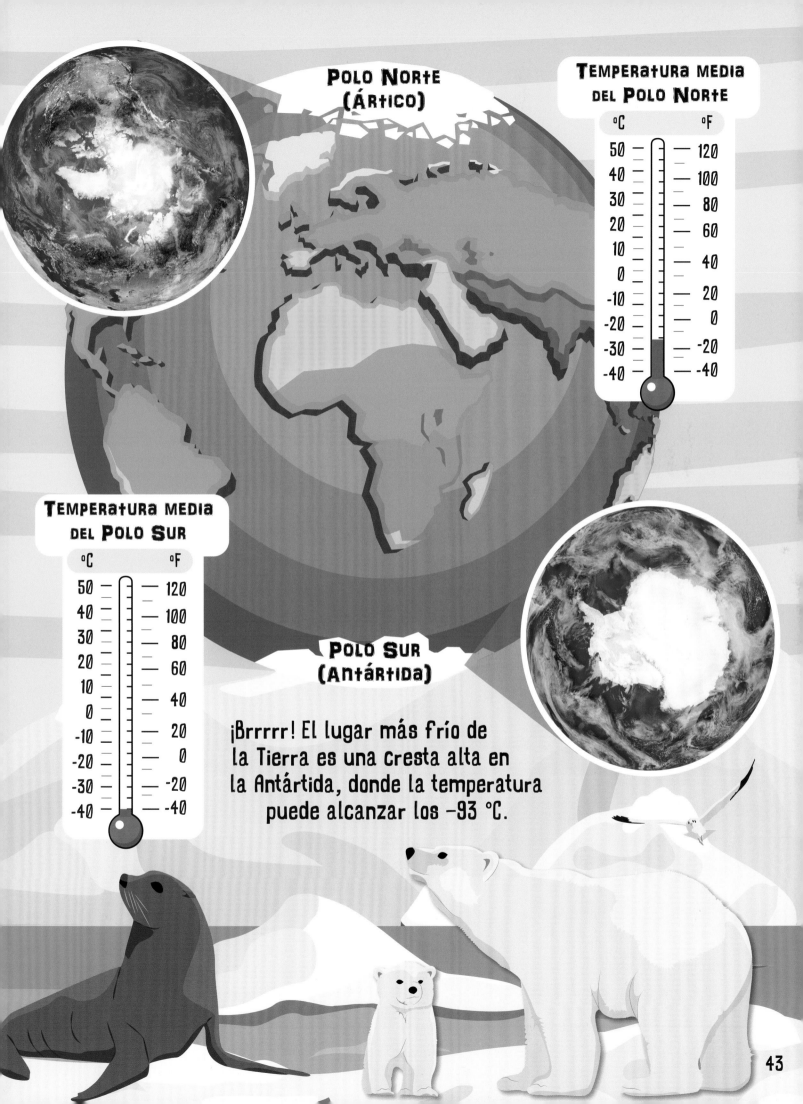

POLO NORTE (ÁRTICO)

TEMPERATURA MEDIA DEL POLO NORTE

°C	°F
50	120
40	100
30	80
20	60
10	40
0	20
-10	0
-20	-20
-30	-40
-40	

TEMPERATURA MEDIA DEL POLO SUR

°C	°F
50	120
40	100
30	80
20	60
10	40
0	20
-10	0
-20	-20
-30	-40
-40	

POLO SUR (Antártida)

¡Brrrrr! El lugar más frío de la Tierra es una cresta alta en la Antártida, donde la temperatura puede alcanzar los −93 °C.

Contenido

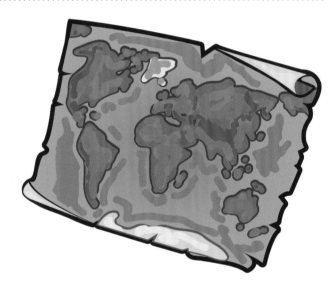

Colaboración en textos: Pablo Martín Ávila
Ilustración: Archivo LIBSA, Shutterstock images

ISBN: 978-84-662-3979-0

DL: M 14937-2020

© 2021, Editorial LIBSA, S.A.
C/ San Rafael, 4 bis, local 18
28108 Alcobendas (Madrid)
Tel.: (34) 91 657 25 80
e-mail: libsa@libsa.es
www.libsa.es